ACADÉMIE

DES

SCIENCES, BELLES-LETTRES ET ARTS

DE ROUEN

DISCOURS DU PRÉSIDENT

1895-1896

ROUEN

Imprimerie CAGNIARD (Léon GY, successeur)

1897

ACADÉMIE

DES
SCIENCES, BELLES-LETTRES ET ARTS
DE ROUEN

DISCOURS DU PRÉSIDENT

1895-1896

ROUEN

Imprimerie CAGNIARD (Léon GY, successeur)

1897

RÉPONSE AU DISCOURS DE RÉCEPTION

DE M. LE Dr GIRAUD

L'ASILE D'ALIÉNÉES DE SAINT-YON

Monsieur,

Quoi que vous puissiez dire, l'étude que nous venons d'entendre (1) promet à l'Académie d'attachantes communications. Seulement, à l'avenir, ne commettez plus d'erreur comme celle qui a marqué le début de votre discours. Il me faut la relever. Vous avez évoqué les noms des anciens directeurs de l'Asile Saint-Yon, les docteurs Parchappe, Morel, Achille Foville, qui furent nos confrères, et vous avez dit que c'est leur souvenir qui a fait élire leur successeur. Non ; si l'Académie garde précieusement leur mémoire, elle avait voulu, au jour de votre élection, les oublier pour ne penser qu'à vous ; ou, si vous aimez mieux, elle vous a trouvé digne d'eux.

La querelle que je vous cherche, Monsieur, n'est pas vaine. L'imputation adressée à une Compagnie tout entière d'avoir pu se laisser gagner par l'indulgence ou la faiblesse devient grave, venant de vous qui con-

---

(1) M. le Dr Giraud avait pris pour sujet de son discours : *Les procès de sorcellerie en Normandie.*

naissez si bien les contagions morales, et votre modestie peut avoir des conséquences que vous n'aviez pas prévues.

Remettons donc les choses au point : vous êtes un savant, Monsieur, et chacun le proclame.

Vous êtes même un littérateur. Car vous ne vous bornez pas, comme vous le disiez tout à l'heure, à soigner des malheureux privés de raison : vous avez souvent porté vos regards sur l'histoire, et maintes fois vous avez abordé les livres les plus anciens, les archives les plus poudreuses, pour étudier dans les temps passés les aberrations de l'esprit humain. Ce n'était pour vous qu'amusement et spéculation, car ce n'est assurément pas là que vous trouverez des éléments utiles pour vos observations à l'Asile. Ici tout est pathologie, là tout est démonomanie. Jadis, en effet, et bien avant même dans le xviie siècle, on parlait à peine de folie : la possession expliquait tout. En face du diable ou du sorcier, le médecin n'avait rien à faire, et nul ne pensait à l'appeler. Les exorcismes étaient le remède, et comme, d'ordinaire, ils demeuraient sans résultat, c'est la justice séculière qui avait pris l'habitude d'intervenir, avec son appareil de témoins, de greffiers, de juges, de tortures, de robes noires et de robes rouges. Après l'eau bénite, le feu au surplus avait raison du patient et mêlait le plus souvent les cendres du sorcier avec celles de l'ensorcelé.

Un de mes étonnements, et vous avez dû le partager, Monsieur, puisque vous vous êtes adonné à l'histoire des épidémies mentales, c'est cette folie qui, autrefois, avait gagné toute l'espèce humaine et qui faisait que les fous étaient la majorité, les non fous, l'infime mino-rité : car tout le monde avait alors assez perdu la tête pour prendre un malade pour un possédé du démon ou une victime de sorcier. L'opinion publique approuvait les procès et les condamnations que vous venez de retracer ; les hommes les plus intelligents, les savants, les médecins, comme le sceptique Jean Wier lui-même, croyaient aux démoniaques ; les magistrats les plus instruits, les plus appliqués à discerner le vrai, les plus experts à distinguer le raisonnable, perdaient la raison et devenaient plus fous que le fou assis devant eux sur la sellette. Il fallut l'insistance du roi pour mettre fin à ces procès, et c'est en interdisant d'exécuter les sentences, en évoquant à elle et à son Conseil les affaires pendantes, en promulguant des défenses de procéder à l'avenir à l'instruction des procès de sor-tilège, que l'autorité royale répandit enfin un peu de lumière sur les sièges de justice. On cessa de brûler, mais, et là est l'excuse des juges, l'opinion resta récal-citrante. De nos jours même, après deux siècles, dans nos campagnes, et bien un peu aussi dans nos villes, les sorciers n'ont pas tous disparu. On a remarqué, les archives criminelles en font foi, que les jeteurs de sorts se recrutaient fréquemment chez les bergers ; c'était très souvent parmi eux que le peuple découvrait ses sorciers et ses loups-garous. Or, voyez la persistance de la tradition : les bergers, et aussi les maréchaux, sont toujours dans la croyance populaire un peu sorciers. Aujourd'hui encore c'est eux que souvent on consulte pour guérir bêtes et gens, et, ma foi, depuis que la profession ne mène plus au feu, mais tout au plus à la police correctionnelle, beaucoup l'ont acceptée et font dans plus d'un village concurrence au médecin ou au vétérinaire. La sorcellerie dégénère en escroquerie, le sorcier en rebouteux; s'il ne risque plus sa vie, l'ensorcelé perd sa bourse, mais il reste convaincu. La sottise humaine est infinie, serait-elle donc aussi perpétuelle ?

Dieu merci, les tenants du sorcier sont devenus minorité. Aujourd'hui le fou n'est plus un possédé, c'est un malade; on le remet au médecin. On dit même parfois que nous sommes tombés dans un excès contraire. Chacun de nous porterait en soi un fou qui sommeille : il ne faudrait qu'un habitat favorable pour réveiller le germe endormi. Quelqu'un, je ne sais s'il était médecin, a dit :

> Tous les hommes sont fous, et qui n'en veut point voir
> Doit rester dans sa chambre, et casser son miroir.

En tout cas, vos confrères, Monsieur, délivreraient dit-on, un peu trop facilement des certificats de démence : la chose s'est vue. Au criminel, ils concluraient un peu trop facilement à l'irresponsabilité, au moins partielle : loin de moi, cette fois, la pensée de leur en faire un reproche, et je leur concède volontiers les absolutions prononcées au nom de leurs expertises, quand je songe à la rapidité de certaines condamnations, de celles par exemple qu'enregistrent en courant les audiences des flagrants délits, à ce point que vous avez pu, Monsieur, dans une de vos notices (1), constater, avec le Directeur de l'Assistance publique, qu'à Paris seulement il y a chaque année une centaine d'aliénés, condamnés quoique inconscients, et qui ne font que traverser la prison pour aussitôt, sans arrêt, gagner l'Asile. Il pourra être beaucoup pardonné aux aliénistes : l'abus des irresponsabilités ne fera pas plus de fous. mais il pourra empêcher quelques erreurs judiciaires.

Vos études, Monsieur, vous ont permis de vous tenir à égale distance des deux termes extrêmes. Une longue pratique vous a appris que, si l'inconscience n'est pas aussi commune que certains le voudraient faire croire. cependant la fréquence est incontestable des maladies mentales latentes, aussi réelles que les cas de démence évidente. Quelque intérêt qui s'y attache, je ne vous suivrai pas dans vos travaux pathologiques. d'abord, et cette raison me dispense de toute autre, parce que je serais incapable de les apprécier. Et puis la description des maladies est pernicieuse pour le vulgaire : ne dit-on pas quelquefois que le profane qui s'aventure dans ces livres se croit bientôt atteint de tous les maux dont il a lu les symptômes et les descriptions ? Je me suis senti déjà inquiet à la seule vue du titre de l'une de vos études : *Du délire dans le rhumatisme articulaire aigu* (2). Il s'agit, n'est-ce pas, Monsieur, d'un rhumatisme très rare ?

(1) De l'appel des jugements correctionnels frappant des individus reconnus aliénés seulement après leur condamnation. (*Congrès des médecins aliénistes et neurologistes de Bordeaux*, 1895).

(2) *Du délire dans le rhumatisme articulaire aigu*. Paris, Delahaye, 1872, in-8°.

J'ai pourtant trouvé, ne vous scandalisez pas, plus à rire qu'à pleurer dans un de vos écrits, et je me suis bien diverti de l'originale idée d'un de vos confrères.

Laissez-moi la dire : au fait, en face de vos livres trop savants, ne puis-je pas faire comme l'enfant qui court aux images ? C'est dans vos Etudes d'anthropologie, au passage que vous appelez *chapitre des chapeaux.* Il s'agit d'observer les variations du volume du cerveau. Besoin était de se procurer quelques milliers de têtes, chose malaisée ! Or, chacun connaît cette affreuse machine, grâce à laquelle nous donnons à notre chapelier, le plus innocemment du monde, l'image exacte de la circonférence de notre chef. Donc un marchand de chapeaux, je me hâte de dire parisien, séduit, je veux le croire, par l'attrait de la science, au risque de violer le plus intime des secrets professionnels, communiqua ses archives, ses collections d'empreintes, avec les noms et les adresses des titulaires ! Et votre confrère de dresser aussitôt le tableau graphique des volumes et des intelligences, suivant les professions et les conditions sociales ! Les résultats de l'enquête ? vous les attendez, Messieurs ? Oh ! non, *je ne les ai pas regardés,* d'abord parce que cela ne prouve rien, et puis songez donc si j'avais trouvé à l'académicien une cote inférieure à celle du marchand d'épices !

Vous me permettrez donc, Monsieur, de vous laisser à vos livres scientifiques, à vos rapports médicaux, et je visiterai avec vous cet admirable asile de Saint-Yon, où vous savez adoucir les maux, les guérir parfois, où vous poursuivez sans cesse, par l'observation persévé-rante des phénomènes les plus variés, des cas les plus étranges, la recherche de la science, les causes du désordre, les moyens propres à le combattre, où, psychologue et médecin, vous scrutez dans une double étude les deux éléments si distincts et si merveilleu-sement confondus de la pensée, l'âme et la matière.

Que les temps sont changés ! Au lieu du cachot où l'aliéné expiait jadis le malheur d'avoir perdu sa raison, l'asile qui s'ouvre aujourd'hui devant lui, lui ménage tout ce qui peut calmer sa mélancolie, les aspects les plus gais, les sites les plus reposants. L'on s'est ingénié à donner à sa prison toutes les apparences de la liberté ; on ne veut même point que son œil soupçonne la clôture. Dans un vaste parc de quarante hectares, s'élèvent, avec leurs façades variées, rayées de pierres blanches et de briques aux tons clairs, des bâtiments de toutes tailles, disséminés dans les jardins, environnés de cours, de préaux, d'allées plantées. Point de murailles qui ferment la vue ; des terrasses, des massifs d'arbustes donnent à l'œil l'illusion d'un parc sans fin. Au-delà des invisibles limites, de vastes prairies semées de bouquets d'arbres, le ruban argenté du fleuve, les ilots chargés de saules ou de peupliers, et, tout au fond, les collines que couronnent les riches frondaisons de Belbeuf : voilà le riant paysage, l'ho-rizon paisible offert aux regards inquiets de ces agités.

Dans leurs habitations, toutes les portes s'ouvrent sur le préau ou le jardin ; si la dernière est fermée, aucun verrou n'en attriste le panneau. Au premier étage, l'accès est libre sur la galerie, qu'illuminent de grandes fenêtres, multipliées à profusion, adroitement combinées de grillages, ouvragés comme ceux d'un balcon, au-devant de la partie qui s'ouvre, de simples vitres au devant de la partie qui reste fixe. Tant est partout bannie toute apparence de clôture. Aucune contrainte non plus dans la vie de chaque jour ; la règle n'impose strictement que ce qui est nécessaire pour assurer l'ordre et la sécurité dans une population de douze cents pensionnaires. Mais aussi avec quelle douceur elles sont secourues, avec quelle adresse elles sont occupées quand elles peuvent l'être, avec quelle intelligence elles sont réparties pour qu'aucun contact troublant ne vienne gêner les guérisons commençantes ou réveiller les ardeurs contenues.

Lorsqu'une malade est conduite à Saint-Yon, elle est reçue dans un premier quartier, placé tout à l'entrée comme pour marquer la transition entre la pleine liberté d'où elle sort et l'asile où elle entre. Ce n'est point encore la demeure des folles que ce quartier des arrivantes : quelques femmes à peine sont là, mêlées aux religieuses, qui soignent le linge, cousent, rangent, vont, viennent, comme dans une pension ou dans un ouvroir. C'est l'antichambre, où la nouvelle venue, à moins qu'elle ne soit bruyante, est mise en observation. Il en est qui s'arrêtent là, sans monter aux quartiers suivants, guéries par un simple changement de régime, par l'éloignement des causes irritantes, par le calme d'un séjour paisible et régulier. Pour les autres, au bout de quelques jours, le médecin a établi son diagnostic, désigné le quartier, fixé le régime. La science, en effet, a catalogué toutes les formes de la maladie, depuis la maniaque, la mélancolique, la périodique, la systématisée, la névrosée, jusqu'à l'alcoolique, la paralytique, la démente sénile, l'idiote ; depuis la malade consciente d'elle-même, honteuse, qui détourne la tête au passage du visiteur, qui voudrait n'être ni vue ni reconnue, jusqu'à la furieuse qu'il faut protéger elle-même contre ses propres excès.

Il y a les mélancoliques, les tristes, les hypochondriaques, dont l'esprit semble s'être replié sur lui-même, obsédé d'une pensée troublante, à la poursuite d'une idée entrevue, indécise, qui se dérobe comme un cauchemar. Il y a les malades expansives, prolixes, ou irritées contre elles et contre tous, ou pleines de satisfaction d'elles-mêmes, drapées dans la jouissance béate de leur moi. Pauvres victimes de chagrins domestiques, de revers de fortune, de l'amour, d'excès religieux, ou simplement de fièvres et de désordres organiques.

Il y a les folies partielles, systématisées ; ce sont celles qui laissent aux malades leurs bons et leurs mauvais jours. Tous les fous de ce genre ne sont pas à l'Asile : nous en croisons tous les jours dans la rue, dans leur atelier, dans leur bureau, presque dans leur salon. Raisonnables comme vous et moi, je pense, ces malades ont une profession régulière : rien ne sonne faux d'ordinaire dans leur vie, leurs occupations quotidiennes. Il n'y a qu'une seule corde brisée : malheur à vous si vous la touchez, voilà qu'elle vibre, et toutes les notes sont aussitôt mêlées. C'est d'ordinaire un persécuté, une victime d'un parent, une victime du code, des juges, de la politique, des notaires. Oh! les notaires, ils ne savent pas ce qu'ils ont commis de fous. Hélas! que parlez-vous à celui-ci du tribunal ou de maître un tel? Crac! la machine est débandée, et voilà toute la kyrielle qui commence. Parlez pour son salut et le vôtre. La crise finie, il reprendra son travail.

Il y a l'alcoolique, ou bruyant ou inerte. S'il n'est pas trop fortement intoxiqué, quelques semaines de jeûne le guériront. Celui-là est une vieille connaissance de l'Asile : guéri et rendu à la liberté, il retourne bientôt à ses amours, et l'ordre public réclame de nouveau son isolement. C'est le cheval de retour. Mais que faire? Sain, la loi comme la morale ne permettent pas de le retenir. Lui ouvrir les portes? c'est le renvoyer à son mal, avec lettre de rappel dans sa poche. Epineuse question : la loi de 1838 n'a pas prévu ce billet d'aller et retour ; ce sera à voir dans la prochaine réforme.

Il y a les ruinés : il y a les pauvres. Ruinés, tous ceux dont les facultés se sont disloquées comme un engrenage qui se décroche, les déments accidentels, ou ceux dont l'intelligence s'est retirée, rongée par les excès ou bien usée par les années, les déments séniles. Pauvres, ceux qui n'ayant rien reçu n'ont rien perdu : les imbéciles et les idiots.

Il y en a bien d'autres, à l'infini. Vous discernez tout cela, Monsieur. Vous faites votre enquête : en même temps que vous notez les symptômes, vous recherchez les antécédents de la malade, ses conditions héréditaires, ses habitudes passées, vous les rapprochez de son état morbide. vous en déduisez le traitement à appliquer, vous annoncez même les phases qu'elle va traverser et vous en prédisez l'issue avec une précision presque mathématique.

Vous avez classé vos malades par quartiers, non pas, comme dans un hôpital, en réunissant ensemble les mêmes affections et suivant des catégories comme celles que j'indiquais tout à l'heure. Ici c'est la sagesse, si l'on peut ainsi parler, c'est la sagesse des individus qui en décide : un triste ou un périodique peut habiter avec un idiot.

Pénétrons dans le premier quartier : c'est celui des *tranquilles*. Là, trois divisions : les tranquilles, les moins tranquilles, les semi-agités. Autant de bâtiments distincts, autant de salles, autant de dortoirs, autant de préaux. Chacun est libre d'aller, de venir de la salle au préau, du dortoir à la galerie. Voici la première division. Elles sont bien là une centaine, vivant en paix, les unes sociables, les autres taciturnes, toutes bons enfants, travaillant, causant, jouant, lisant quelquefois, ou bien se promenant sous les arbres, pensives. Celle-ci se rend utile, elle aide au ménage, elle balaie, elle essuie ; cette autre est si sage que la bonne sœur lui a confié le linge à plier : la besogne est faite avec le plus grand soin, la pile des serviettes s'est allongée bien nette, bien droite, bien carrée : seulement tout est uniformément plié à l'envers. C'est la fausse note.

Voici une bonne vieille, sur une chaise, ramassée sur elle-même et tout arrondie, bien propre avec son fichu d'indienne, son bonnet blanc bien noué. Elle ne demande rien, ne touche à rien, ne voit, n'entend rien, ne pense à rien ; elle reste où on l'a mise ; c'est un corps qui se chauffe au soleil. Nous sommes au quartier du silence et des braves gens.

Passons dans le quartier suivant, celui des *moins-tranquilles* : ici il y a un peu plus de causeurs, un peu plus de monologues, un peu plus de préoccupés. On est encore calme, on jouit en paix du soleil, de la verdure, seulement les traits sont plus inquiets, les visages plus sévères. On est moins disposé à rendre service ; on est plus absorbé dans le moi ; on se promène davantage ; la marche est plus rapide. Si l'on s'asseoit, on ne semble plus savoir choisir sa place : on élit aussi bien domicile sur une marche ou un trottoir que sur un banc. On réfléchit, mais on marmotte, on communique ses réflexions à une voisine. Il y a du murmure dans l'air. Le fichu est dérangé.

Au troisième quartier, le murmure est devenu brouhaha ; la gamme monte. Il y a plus de promeneurs et la marche s'accélère ; on réfléchit, mais en parlant tout haut. On s'interpelle. Les figures sont plus assombries, les traits se creusent. Après le quartier où l'on ne pense guère, et celui où l'on médite, c'est celui où l'on paraît prêt pour l'action. Mais les ressorts physiques sont amollis, les volontés sont émoussées et l'on reste encore dans un calme relatif. Après la marche, après le discours, on s'arrête, on s'asseoit, mais n'importe où, même par terre ; on s'étend même tout de son long, sans souci de l'endroit, à l'ombre, au soleil, dans la boue. Le fichu se dérange tout à fait. Tant pis pour la coiffe, tant pis pour les cheveux, tant pis pour la jupe : on commence même à ignorer si elle est bien rabattue.

La gamme monte encore, et nous sommes dans les trois sections des *agités* : il y a des degrés en tout. Dès la première, le brouhaha s'est fait tapage. « Enfin, Monsieur, je ne suis pas folle, moi, je veux m'en aller, je vais écrire à Monsieur le Procureur » : délire de la persécution. Vous vous écartez : « On ne passe pas ainsi près de moi, Monsieur, vous êtes un insolent », folie des grandeurs. Vous saluez, mais une autre vous a saisi le bras, elle vous implore, elle se jette à vos pieds, folie anxieuse, pendant qu'une autre accourt et vous jette une bordée d'injures, folie alcoolique, folie hystérique. Les physionomies sont inquiètes, émaciées ; les pas sont agités, chancelants ; les costumes sont mal ajustés, les cheveux sont dénoués, les postures sont accroupies, étendues ; les manches closes deviennent fréquentes, gardant les mains enfermées pour la sécurité de la malade ou celle de ses compagnes. Sortons vite. Dans cette foule bruyante et mobile, tout est prétexte à surexcitation, et le passage d'un visiteur renouvelle les souffrances, redouble les ardeurs, exalte les violences. Nous avons monté la gamme, nous sommes à l'octave quand nous traversons la dernière section avec ses camisoles de force, avec ses cellules aux murs capitonnés.

Voilà, Monsieur, l'immense colonie remise à votre

sollicitude, et je n'ai dit ni les quartiers des épileptiques, ni les quartiers des malpropres, ni ceux des vieillards, ni ceux des enfants ; ni cet autre asile, cet autre village plutôt, où d'élégantes villas, un vaste hôtel, d'autres jardins offrent des résidences isolées, ou la communauté des appartements et des salons, aux infortunées qui n'ont plus que leur or pour toute fortune.

Faudrait-il parler encore des occupations ingénieuses offertes à tous ces malheureux, des exercices, des distractions dont on essaie la diversion sur leurs esprits, gymnase, théâtre, atelier, école même.

Ce n'est pas, en effet, seulement la garde de l'aliénée que vous avez assumée : vous entendez poursuivre sa moralisation, sa guérison, tout au moins l'atténuation de sa maladie. Et c'est à cette tâche que vous consacrez tous vos instants, toutes vos recherches, toutes vos observations. Elles sont là près de douze cents malades, petites et grandes, tranquilles et furieuses, confiées à votre direction. Secondé de plusieurs médecins, vos adjoints, de cent quarante religieuses, servantes obscures et résignées, dans une population vouée au désordre et à l'agitation, vous savez maintenir l'ordre et la paix, sans que votre douceur se démente jamais, que votre patience se lasse, que votre activité se ralentisse, avec une sagacité toujours en éveil, une méthode toujours en progrès, une étude toujours appliquée au soulagement. Voilà vos titres, Monsieur, ils valent bien nos vers ou notre prose. L'Académie se fait un honneur d'ouvrir ses portes à toutes les sciences : en est-il une supérieure à celle qui se consacre à l'humanité souffrante? C'est la vôtre, voilà pourquoi nous nous félicitons de vous posséder.

RÉPONSE AU DISCOURS DE RÉCEPTION

DE M. LE Dr BOUCHER

RICHARD LE GRAS, MÉDECIN ROUENNAIS, 1526-1584

MONSIEUR,

Cette soirée ne pourrait-elle pas s'appeler la soirée des surprises ? L'auditoire qui est venu vous entendre prévoyait, je me le figure au moins, une grave leçon sur un grave sujet. Sans doute l'on espérait bien que vous mettriez la science à la portée du monde, mais l'on s'attendait, je pense, à vous écouter parler de choses savantes et discourir sur les sujets qui vous sont familiers : l'hygiène, l'enfance, l'alimentation, les maladies microbiennes, les phénomènes du délire, de l'alcoolisme, de l'ataxie, etc. Et vous nous avez offert le régal d'un chapitre, lugubre assurément, mais plus attrayant, de l'histoire de notre ville (1).

Puis, s'il faut vous parler de moi, quelle rencontre que vous trouviez aujourd'hui pour vous recevoir au triple

---

(1) M. le Dr Boucher avait pris pour sujet de son discours : *La peste à Rouen au XVIe et au XVIIe siècle.*

portique de l'Académie un président peu habitué à fréquenter la même porte que vous ?

Mais tout s'explique lorsqu'on connaît vos travaux. Depuis longtemps, en effet, vous avez montré que l'histoire et l'art de guérir peuvent faire bon ménage, et vous avez divisé vos études en deux parts, l'une consacrée à la médecine, l'autre à l'histoire, à l'histoire des choses de la médecine. C'est cette double carrière que l'Académie considérait lorsqu'elle songeait à convertir le titre de correspondant qu'elle vous conféra voilà dix ans, et à vous appeler dans son sein.

Votre premier ouvrage, votre premier pas dans l'une et l'autre carrière, vous fit le plus grand honneur. Je veux parler de cette thèse que vous avez présentée à la Faculté de médecine de Paris. Sans crainte de rompre un peu avec l'usage, vous avez préféré vous abstenir de produire quelqu'un de ces cas pathologiques que l'on recueille dans les salles d'hôpitaux, et que l'on qualifie de beaux, sans doute parce qu'ils sont plus horribles, tout au moins parce qu'ils sont rares ; et c'est avec une histoire de la Salpêtrière que vous avez conquis votre grade de docteur. Je ne veux pas faire l'éloge de ce livre si bien documenté, mais il m'est permis de dire que vous avez donné un heureux exemple, profitable même à la science. En dehors des grandes découvertes en effet dont elle marque chaque siècle ou chaque demi-siècle, la science n'est-elle pas un perpétuel renouvellement, et l'expérience du passé, n'est-elle pas la lumière qui éclaire l'avenir ? Les exemples se pressent en foule de ces enseignements de jadis, négligés un temps, et repris aujourd'hui. Les mesures antiseptiques si préconisées de nos jours, qu'est-ce autre chose sinon l'application plus intelligente des mesures de désinfection dont les vieilles ordonnances sont remplies? Que sont nos modernes pavillons d'isolement, sinon les anciens évents des pestiférés du Pré de l'Aulnay ou du Lieu-de-Santé ? nos dispensaires, sinon l'imitation plus large des anciennes distributions que faisaient les abbayes et dont le souvenir reste attaché aux antiques dénominations de portes de l'aumône?

Rien n'est nouveau, mais tout se doit perfectionner. Et c'est en observant ce qu'ont fait nos pères, ce qu'ils ont cru, ce qu'ils ont enseigné, en nous aidant de leurs idées, en discernant leurs fautes, en profitant de leur sagesse, que nous tendons au progrès.

Cette conclusion, elle peut se dégager de votre étude de la Salpêtrière. Certes, Fouquet et Pompone de Bellièvre accomplissaient une grande œuvre, lorsqu'en 1657, l'édit de Louis XIV à la main, ils essayaient de recueillir sur le pavé de Paris les miséreuses de tout genre, mendiantes, vagabondes, recrues du vice et de la débauche, et renfermaient dans la première Salpêtrière 628 femmes, dont 204 malades. Cela semblait défier l'avenir. Parce qu'on s'établissait au-delà de la montagne Sainte-Geneviève, au bout des faubourgs, presque en dehors de Paris, en des terrains vagues prêts aux agrandissements, on se croyait à l'aise pour toujours ! Que sont devenus les mille mètres de dortoirs de la première heure? Les fondateurs ne reconnaîtraient guère leur œuvre dans l'hôpital moderne, avec ses magnifiques dépendances, ses cours, ses préaux, ses multiples bâtiments, ses aménagements de tout genre. Et voilà que, sous la poussée des quartiers populeux de Saint-Victor et de Saint-Marceau, l'hospice étouffe, à qui l'air, la lumière et de vastes espaces sont les essentielles conditions. Or, comme ils sont mieux inspirés ceux qui, de nos jours, instruits par cette expérience, transportent les asiles loin des villes, franchement, en pleins champs.

On multiplierait les exemples des erreurs que nous renouvelons, faute de les étudier dans le passé. A la Salpétrière encore, les fondateurs avaient confondu les pauvres valides avec les malades, croyant qu'il suffisait de les diviser en plusieurs quartiers. Lamentable système, heureusement abandonné aujourd'hui, et pourtant nous enfermons tous les jours sous les mêmes verroux les condamnés pour délits de droit commun, les voleurs, les vagabonds, les ivrognes, avec les jeunes détenus que nous avons la prétention, malgré ce voisinage, d'éduquer et de préserver pour la société ! On a séparé les pauvres des malades, puis les malades des fous, les fous des prisonniers : voilà la leçon du passé. Séparons donc aussi les enfants et faisons-les sortir des maisons de détention.

Ainsi des regards jetés en arrière sont bons pour assurer la marche en avant. La découverte d'hier suscite la découverte de demain, et la vue de ce qui a été accompli aide à faire, suivant la devise d'un vieil artisan rouennais, « de bien en mieulx (1) ».

(1) Devise de Le Mesgissier, imprimeur à Rouen.

Ce n'est pas, Monsieur, que vous vous attardiez outre mesure aux observations rétrospectives ; le devoir, en effet, en vous rappelant au lit du malade, sait vous ramener à la science actuelle. Je n'en veux pour preuve que vos communications aux Sociétés médicales de Rouen et de Paris. Vous m'excuserez de n'en pas donner les titres : je ne sais pas parler cette langue, et j'en écorcherais les noms. Mais je suis plus à l'aise pour signaler cette importante critique des théories évolutionnistes, que vous avez donnée naguères aux mémoires d'une Société savante de notre ville, et que l'Académie n'a pas manqué de remarquer. Je n'en dirai qu'un mot : inspirant votre examen des résultats modernes de l'anthropologie, vous appuyant, disiez-vous, des données de la science expérimentale telle que l'ont établie les travaux de Claude Bernard et de Pasteur, vous formuliez des conclusions spiritualistes, et je ne peux mieux résumer celles-ci qu'en empruntant l'aphorisme célèbre de Bacon : *Breves haustus in philosophia ad atheismum ducunt, largiores autem reducunt ad Deum.*

Vous vous plaisez donc, Monsieur, aux études spéculatives, et, si j'en crois des indiscrétions, vous gardez encore en vous quelques bacilles qui nous promettent de nouvelles éclosions. Ne guérissez pas, Monsieur, et que la fièvre de l'histoire vous possède encore longtemps ; personne ne s'en plaindra, sauf peut-être les malades, mais vous avez des confrères, ils vous aideront près d'eux.

Vos confrères, ceux qui ont consacré leur vie au soulagement de la douleur, quelle noble aussi et rude car-

rière ils ont acceptée. Le dévouement et l'oubli de soi-
même la résument. Pour le médecin, en effet, la science
ne se poursuit ni dans les calmes méditations du cabinet,
ni dans les silencieuses observations du laboratoire :
c'est au dehors qu'il lui faut aller la chercher, sans
qu'il lui soit même permis de connaître ni les heures ni
les saisons ; c'est dans la plaie qu'il lui faut aller la
scruter, sans s'émouvoir ni des dégoûts ni des dangers.
Il est à tous, excepté à lui, excepté aux siens. Et un
dernier sacrifice l'attend : lorsque ce dévouement qui ne
veut pas s'arrêter, cette expérience qui fixe son diagnostic, cette science qui sait diriger ou contenir l'évo-
lution de la maladie lui ont enfin conquis l'honneur,
l'éclat, la célébrité même; alors, finissant sa carrière,
il meurt tout entier. Comme l'avocat dont personne n'a
recueilli les discours et dont pourtant la voix avait
retenti puissante, le médecin le plus illustre ne laisse
rien de lui, à peine un nom dont le souvenir s'effacera
bientôt. Combien d'ignorés aujourd'hui, illustres médecins jadis.

Tel fut Richard Le Gras, profondément inconnu de
nos jours, et, de son temps, à Rouen même, l'un des plus
renommés de la science. Or puisque lui, tout entier à la
pratique de son art, ne faisait pas de livres, tâchons de
l'exhumer quelques instants pour sa plus grande
gloire.

Richard Le Gras est né en 1526; il est mort à Rouen
en 1584, après y avoir exercé la médecine pendant
trente-trois ans, avec quel succès, avec quel honneur

ses contemporains se sont chargés de le dire : un fragile monument de piété filiale nous a conservé leurs témoignages.

Je veux parler d'un mince livret, intitulé : *Le Tombeau de feu noble homme maistre Richard Le Gras de Roüen, en son vivant docteur en médecine* (1). Or, vous savez ce que l'on appelait alors un tombeau : c'était un éloge posthume, ordinairement en vers ; c'était quelquefois un recueil d'éloges en vers. Les beaux esprits n'ont jamais été plus nombreux qu'au xvie siècle, les faiseurs de vers plus abondants. Au xviiie siècle, tout galant homme devait savoir rimer une épigramme ou tourner un madrigal. Au xvie, on n'offrait point si communément un bouquet à Églé, mais on ne rimait pas moins : seulement on s'adressait le plus souvent au sexe fort, offrant en vers l'encens aux vivants, les larmes aux morts. Un auteur qui se respectait ne pouvait produire son livre, prose ou vers, s'il ne le présentait précédé d'une avant-garde de dithyrambes poétiques. L'auteur était flatté ; les rimeurs ne l'étaient pas moins : ils se voyaient imprimés. Mais à ceux-ci les morts illustres étaient une excellente aubaine ; on ne saurait dire le nombre de tombeaux qui se sont ainsi bâtis en l'honneur des grands, princes, gouverneurs, magistrats, nobles dames, poètes ou savants.

(1) A Paris, chez Estienne Prevosteau, au clos Bruneau, près le puys Certain. M. D. LXXXVI. — *A la suite* : Les Besongnes et les Jours d'Hesiode Ascraean, mis en françois par Jaques Le Gras de Roüen. A Paris, chez Estienne Prevosteau, demeurant au mont S. Hylaire, près le puis Certain. M. D. LXXXVI.

L'entreprise au moins était honorable, lorsque le tombeau était sollicité, ainsi que celui de Richard Le Gras, par son propre fils, « comme un perpétuel monument de sa piété », ce sont ses expressions. A l'appel donc de Jacques Le Gras, trente-trois poètes répondirent ; quatre-vingt-dix pièces de vers virent ainsi le jour, accourues de tous les points de la Normandie, courtes ou longues, depuis le simple distique jusqu'à la plaintive élégie, en français, en latin, en grec même, signées de noms, pour la plupart, obscurs aujourd'hui. N'est-ce pas que les bibliophiles ne sont pas seulement d'innocents maniaques lorsqu'ils recueillent de semblables opuscules, puisque d'abord, sans le petit livre, il ne serait plus question sur terre de Richard Le Gras, l'illustre médecin d'autrefois? Et puis, ne voyez-vous pas que sur ces feuillets jaunis, dans ces italiques coquettes, c'est tout une petite académie de province qui siège, où l'on voit à côté du conseiller Laurent Godefroy, du procureur Jean Tiremois, du bailli d'Écouis Jacques de La Porte, le négociant Quintanadoine, le poète Jean Doublet, le médecin Marin Le Pigny, les professeurs Louis Martel et Vincent Cossard, et tant d'autres, qui, en des temps troublés de guerres civiles, savaient se reposer des devoirs de leurs charges, ou simplement occuper leurs loisirs, en cultivant les Muses.

Certes, tout n'est pas bon dans ce recueil ; en réalité la majeure partie est médiocre ou mauvaise. *Sunt bona...*, vous savez le reste ; jamais ce vers ne s'est mieux appliqué.

La meilleure pièce est sans contredit celle que le fils

même du mort a placée en tête. Jacques Le Gras, avocat au Parlement, était poète lui-même ; il avait traduit en vers *Hésiode*. Inspirateur du tombeau de son père, il s'est excusé de ne point apporter sa pierre à l'édifice, mais en quels termes touchants il le dit ! Cela me paraît un petit chef-d'œuvre de délicatesse, et puis cela em-emprunte je ne sais quel charme à cette langue du xvi° siècle, naïve et gênée comme celle d'un enfant, et je ne résiste pas au plaisir de citer :

> Trop de douleur empesche de parler :
> Et estre filz est cause qu'on soupçonne
> Qu'à trop louer aisément on s'adonne,
> L'affection nous venant aveugler.
> Extrème deuil se veut tousjours voiler,
> N'osant moustrer ses larmes à personne.
> Filz du deffunct, rien ici je ne sonne :
> Car quelle voix peut mon deul egaler ?
> Assez, assez tout le pays l'honore
> De ses regrets, qui dureront encore
> Tant que vivront les hommes du jourduy,
> Et à leurs filz portera tesmoignage
> De sa valeur ce beau tombeau, l'ouvrage
> De ses amis soupirans aprez luy.

D'autres ont semé çà et là quelques bons vers. Par exemple ceux-ci de Jacques de La Porte :

> Son corps en terre, au ciel est son esprit,
> Au cœur de tous sa souvenance vit ;

Ou ceux-ci de Jean du Pont-Saint-Pierre :

> Pourquoi veut on dresser à ce grand Médecin
> Un funebre tombeau ? Ceux qui vivent encore
> N'ont besoin qu'un tombeau leur renommée honore.
> Le Gras encor vivant mesprise le destin :
> Il vit dedans nos cœurs et y vivra sans fin.

Tel est d'ordinaire le ton : des éloges, des regrets ; pourtant on peut recueillir quelques notes biographiques, outre les dates que j'ai déjà citées.

D'abord Le Gras était noble de naissance : Alphonse Fillâtre nous l'apprend ainsi :

Progenie clara, medica sed clarus et arte.

Il eut au moins un fils, nous l'avons déjà dit. Il se maria deux fois, et son second hymen lui fut une source de procès, d'ordre pécuniaire seulement, j'aime à le croire, mais si longs, si divers et si injustes, que ce pacifique, ennemi des chicanes et des voies tortueuses, en conçut un chagrin qui abrégea ses jours, au dire de l'un des panégyristes (1).

La droiture en effet était la caractéristique de cet homme d'élite, et sa nature commandait autant le respect que l'affection. Tous le proclament :

Il estoit prompt, subtil, libre, exempt d'avarice,
D'ambition, d'envie, et combatoit le vice.

dit Nicolas Papillon.

(1)   . . . . Il avoit en horreur
Les chicaneurs procez : mais, comme le malheur
Nous pousse volontiers à la route contraire
Du voyage entrepris, le génie adversaire
A ce tranquille esprit fit son hymen second
De chicaneurs procez si largement fecond
Que, veuf de toute joie, il sentit la froidure
De la songearde humeur contraire à sa nature
S'emparer de son fort, et glacer tellement
Son cœur que ce cœur gist en un froid monument.
                                        (Nicolas Papillon).

Voici Jean du Pont-Saint-Pierre :

> Je ne prise tant ny sa dexterité,
> Ny son rare savoir ni son experience,
> Que son noble courage et son integrité.

Là était en effet, avec sa vaste science, le secret de cette immense popularité qui fait dire à Alphonse Quintanadoine :

> Il n'est ny cité, ny hameau, ny maison
> Qui mille fois ne doive au Gras sa guerison.

Le fait est qu'on se disputait ses visites et qu'il fut bien le médecin célèbre entre tous, le plus acclamé et réclamé : en voici encore la preuve, avec des vers, un peu burlesques, de Guillaume de Fondimare :

> Le Gras meurt, qui, vivant, par sa triple science,
> Purgea, refit, guarit des hommes agitez
> Les corps, les os, les nerf, brulez, rompus, gastez
> De fievre, cheute, glaive ou autre violence.

Tout lui était bon en effet, pourvu qu'il soignât, et, c'est un point à noter, Richard Le Gras ne fut pas seulement médecin, mais encore chirurgien. La chose vaut la peine d'être remarquée. On sait en quel mépris le collège des médecins tenait la chirurgie, œuvre manuelle, et les chirurgiens, tout au plus bons à frayer avec les barbiers et apothicaires, dont ils ne semblaient qu'une variété un peu supérieure. Au XVIe siècle pourtant, la science chirurgicale marchait à grands pas, et les livres sont nombreux qui parurent alors sur les opérations, les blessures et la manière de les réduire. Les médecins continuaient à se draper dans leur dédain de l'œuvre servile : en face du malade, ils prescrivaient le traitement, le barbier ou le chirurgien l'appliquait. En avance sur son temps, Le Gras ne crut pas s'abaisser en cumulant : on en trouve la preuve avec Jacques Denyot, Marin Le Pigny et Louis Martel, qui tous trois intitulent leur éloge :

In obitum Domini Crassi, medici quondam et chirurgi apud Rothomagenses celeberrimi, nobilissimi ou *clarissimi.*

> Non seulement la manière entrepris
> De secourir, comme faire on voit ores
> Aux médecins,

lui dit un certain Jean Le Gras, peut-être un second fils, tout au moins son élève, *mais encore*

> Tu traitois bien les blessures terribles
> Et nettoyois les ulcères horribles.

Si bien **que**, pour l'avoir vu cultiver tous les genres, on ne comptait plus ses cures, et Claude Courant pouvait lui dire :

> Si ceux que tu as fait revivre
> Te font graver chacun un vers :
> Trop n'y aura dans l'univers
> De pierre, de marbre et de cuivre.

Que n'ai-je à vous apporter d'un homme si répandu, si universel, des mémoires, un registre de comptes, un livre de raison, seulement le carnet de ses visites ! Que de piquantes révélations dans la violation involontaire et posthume de son secret professionnel, si nous pouvions évoquer des noms, des observations, des opérations stupéfiantes, des états d'honoraires ! Mais peine perdue, rêve stérile : plus rien, rien qu'un nom et quelques vers funèbres.

Si pourtant, je connais une cure de Richard Le Gras, oh ! mais une cure merveilleuse, et accomplie sur un patient digne du médecin, un soldat intrépide dont le corps et l'esprit étaient également indomptables.

L'aventure n'est pas nouvelle, mais assez de personnes, même à l'Académie, l'ignorent, je pense, pour que je puisse la conter ce soir, et ce sera la fin de ce discours.

C'était en 1562, au siège que Rouen, tombé au pouvoir des huguenots, soutenait contre le roi Charles IX. Au dernier assaut qui fut donné, un capitaine des bourgeois, François de Civille, gardait le rempart en face de la côte Bihorel, depuis la tour de ce nom jusqu'à la porte Saint-Hilaire. Voilà qu'une balle lui traverse le visage, lui fracassant la mâchoire et le cou, et sortant par derrière, vers la nuque. Point n'est besoin de dire l'état dans lequel le mit un pareil coup ; tout autre que lui en fût mort. François de Civille s'affaissa et tomba du haut du rempart. Survinrent bientôt des gens pour le relever, qui, le voyant en cet état, commencèrent par le consciencieusement dépouiller, et puis le jetèrent dans une fosse avec un soldat de sa compagnie, frappé au même lieu, qu'ils mirent par dessus lui ; enfin ils recouvrirent le tout de terre, au moins de ce qu'on avait le temps d'en jeter pendant le combat. La journée se passa ainsi en sépulture. Vers le soir, le laquais de Civille, à sa recherche, apprit l'événement, et, conduit à la fosse, se mit en devoir de reconnaître le corps. L'exhumation faite des deux cadavres, le valet n'en reconnut aucun, tellement Civille avait été défiguré par la blessure et laissé nu par ses ensevelisseurs ; il rejeta les corps dans la fosse, l'un sur l'autre, Civille était par dessus maintenant, et la terre fut rejetée sur eux pour la seconde fois ; oh ! pas bien épaisse, car cette seconde inhumation faite, le bras de Civille sortait de la fosse. Par un bonheur au moins surprenant, les premiers fossoyeurs avaient oublié à son doigt un diamant, qui s'avisa, sous la bienfaisante clarté de la lune, de jeter un feu dans la nuit. Le laquais l'aperçut, revint et reconnut la bague : vite il déterra le corps pour la deuxième fois, essuya le visage et put enfin voir son maître, mort sans doute ; pourtant, s'approchant de sa bouche, il crut y sentir un léger souffle. En hâte, il l'emporta, tout près de là, au monastère de Sainte-Claire, où l'on avait installé, dirions-nous aujourd'hui, une ambulance. Mais voici bien d'une autre : les chirurgiens sondèrent la blessure ; Claude Faubuisson, « un vieil et expérimenté en son art », et les autres dirent que le blessé ne valait guère mieux qu'un mort et ils refusèrent de le soigner, déclarant garder leur temps et leurs bandages pour ceux qui en valaient la peine. La chose se gâtait. Le valet reprit son cadavre et le porta dans une maison voisine ; pendant cinq à six jours le corps resta en léthargie, mais bien vivant cependant, car sous l'action de la fièvre il devint brûlant. Des amis allèrent voir le pauvre Civille, et, tout en attendant sa mort, appelèrent près de lui notre

Richard Le Gras, qui vint, accompagné d'un confrère, Guérente, et d'un jeune chirurgien. Les médecins se mirent à l'œuvre, lavant, sondant, coupant, taillant, cousant le corps, qui ne s'en inquiétait non plus qu'un mort ; puis ils appliquèrent au cou un séton. C'était une trouvaille ! Le séton fit merveille, car, après une suppuration abondante, le cinquième jour, Civille enfin ouvrit les yeux. La maladie dès lors suivit son cours, sans grands incidents, sauf un toutefois : les assiégeants ayant pris la ville, des soldats se précipitèrent dans la maison où le malade gisait, ils s'emparèrent de sa chambre et le jetèrent par la fenêtre. Ce n'était pas pour émouvoir Civille : le fumier de l'écurie se trouvait tout juste sous la fenêtre pour le recevoir, et il ne fut pas trop incommodé de la chute. Seulement il y resta trois jours et trois nuits, c'était en octobre, au bout desquels on le retrouva toujours étendu où il était tombé, et en chemise. A cela près, fièvre, enflure, séton, humeurs, continuèrent de donner, et la guérison s'acheva, Richard Le Gras opérant et la nature aidant..., ou inversement. Telle est la seule connue des cures de notre fameux médecin, assurément la plus belle, puisqu'il avait rappelé à la vie un blessé qui, de ce jour, ne fut plus connu que sous les noms de « Civille, mort, enterré et ressuscité (1) ».

(1) Voyez sur ce personnage et son aventure, Farin, I. 486. — *Discours des causes pour lesquelles le sieur de Civille se dit avoir été mort, enterré et ressuscité*, précédé d'une notice par le marquis de Blosseville. Rouen, 1863. (*Société des Bibliophiles normands*). — *Mémoire du sieur de Civille aux juges de la Chambre des Comptes de Paris,*

Monsieur,

L'Académie vous invite à prendre maintenant part à
ses travaux.

1618, publié par F. de Civille, Rouen, 1880. (*Ibidem.*) — A. de Valon,
Nouvelles et Chroniques, Paris, Dentu, 1851.

RÉPONSE AU DISCOURS DE RÉCEPTION

DE M. H. WALLON

MONSIEUR,

Le goût qui vous est venu des vieux papiers, pour employer vos expressions, n'a pas été votre seul titre à nos suffrages. L'Académie en effet sait en quelle estime sont tenus les rapports, que plus d'une fois vous avez soumis à vos pairs, sur des matières d'ordre législatif ou économique. Les projets de loi sur la réorganisation des Chambres de commerce, sur l'élection des juges consulaires, la propriété du palais des Consuls à Rouen, le projet de canal de Paris à la mer, vous ont fourni la matière de mémoires que vos collègues, avant l'Académie, avaient justement remarqués. Il est vrai que la Compagnie où vous entrez a été heureuse de trouver dans ces travaux, à côté des observations pratiques, une étude approfondie des précédents historiques, une recherche, une distinction, qui donnaient une œuvre fine et savante où l'on avait prévu seulement un rapport.

Et cette double carrière, littéraire et économique, vous mettait aux mains, Monsieur, deux passe-ports qui ont ici un cours égal.

Autrefois, et il n'y a pas encore bien longtemps, une sorte de division s'était établie entre les savants et les hommes d'affaires. Le commerçant ou l'industriel, absorbé par les soins de son négoce ou de son usine, n'avait guère le temps de jeter les regards au-delà de l'étroit horizon de sa profession ; les questions économiques, les travaux publics, le développement des voies de communication, l'accroissement des relations extérieures étaient par exception seuls capables de le solliciter, l'extension de son commerce particulier étant lié de solidarité avec l'extension du commerce général. Aujourd'hui la curiosité a gagné toutes les conditions et la science historique a pénétré partout. L'on sait nombre de comptoirs où, près des dossiers de lettres, de dépêches, de bordereaux, l'on trouverait le casier réservé aux heures de loisir, celui qui se remplit d'antiques ordonnances, de vieilles statistiques, de fiches diverses toutes disposées pour des études d'histoire.

Plus que tout autre, Monsieur, vous deviez céder à la tentation de porter votre vue sur les choses anciennes. En déposant, pour aborder la carrière industrielle, votre plume de professeur, vous n'aviez pu manquer de la placer en quelque lieu sûr où vous sauriez la chercher, s'il le fallait, et vos collègues n'ignoraient pas que, le cas échéant, ils trouveraient en vous un habile historiographe de leur Compagnie d'abord, du commerce et du port rouennais ensuite. Leur attente n'a pas été trompée : « La Bourse découverte et les quais de Rouen » vient de payer la première lettre qu'ils avaient tirée sur vous, mais votre signature reste encore engagée, et nous attendons avec confiance une prochaine échéance.

L'histoire du commerce et de l'industrie de notre ville est à faire. Certes, l'entreprise, je ne vous l'apprendrai pas, Monsieur, n'est pas aisée. La raison en est bien simple : les documents n'existent plus ou n'existent guère. Les plus importantes maisons n'ont pas conservé leurs archives; les administrations publiques n'en ont pas eu cure davantage. Tandis que, jadis, les chartriers domestiques gardaient l'histoire des familles, de nos jours les établissements industriels naissent, grandissent et meurent, sans que rien survive que leur nom dans les almanachs d'adresses. Leurs livres, encombrant la maison de l'héritier ou le bureau du liquidateur, ne tardent pas à s'en aller au pilon. L'on ne saurait croire combien il serait difficile de faire la genèse, depuis un siècle, de quelqu'une de nos grandes maisons commerçantes ou de dire quelles fabriques se sont succédé sur l'emplacement où s'élève aujourd'hui tel établissement industriel, depuis la petite usine d'il y a cent ans, avec sa roue hydraulique et sa douzaine d'ouvriers, jusqu'à l'immense atelier actionné aujourd'hui au même lieu par des centaines de chevaux et peuplé d'une armée de travailleurs. Dresser les généalogies de l'usine, écrire les livres de raison du commerce; ou bien, remontant plus haut, retracer la décadence commerciale de notre ville au XVIIe siècle, expo-

ser la renaissance qui marqua la seconde moitié du
xviii° : ne voilà-t-il pas des sujets dignes de tenter des
historiens nouveaux? A Rouen, dans la patrie de la
protection, l'histoire même de la protection reste à
écrire, en commençant par cette protection à rebours,
qui consistait autrefois à attirer l'importation et à
défendre l'exportation, par crainte de la disette.

J'aurais voulu mettre ma morale en pratique en don-
nant l'exemple, et apporter ce soir à l'Académie quelque
monographie traitant d'une matière commerciale. Mon
embarras a été grand de parler de choses que je connais
si peu. J'ai bien feuilleté, par exemple, certains livres
traitant de cette querelle que les Rouennais soulevèrent
au siècle dernier contre les villes de Lyon, de Marseille,
et autres, afin d'interdire en France la fabrication des
toiles peintes : cela faisait tort aux tissus écrus qu'ils
fabriquaient. Mais ce chapitre de l'éternelle histoire
de l'égoïsme professionnel m'eût peut-être entraîné trop
loin. L'histoire de Paris-port-de-mer, qui date au moins
de Vauban, eût pu cependant se résumer rapidement ;
mais il eût fallu dérouler des plans, et puis c'est une
matière qui vous appartient déjà, Monsieur, et je ne
veux pas marcher sur vos brisées. J'ai trouvé un
sujet qui aura tous vos suffrages, Messieurs, parce
qu'il sera très court. Voici en effet de simples notes
sur les constructions navales à Rouen au siècle dernier.

A la fin du xvie siècle, Rouen était bien déchu du
rang où l'avaient placé aux époques précédentes, et

comme port marchand et comme port militaire, l'activité de son commerce et la hardiesse de ses entreprises maritimes. Au reste le mal était général, et il allait toujours s'aggravant pendant le règne de Louis XIV. Les guerres, mais, plus encore, le régime financier et le régime économique du temps avaient tout appauvri, commerce, industrie et agriculture. « Partout, dit un mémoire de l'année 1697 (1), le commerce semble se perdre, tant par la guerre que par l'abattement des peuples qui ne font aucune consommation, et par la non-valeur du bled qui est telle que le laboureur n'est pas remboursé de ses frais. » « Les diverses charges créées dans les paroisses et une infinité d'autres, dit encore le même document, ont réduit le peuple à un état de misère qui fait compassion, puisque de 700,000 âmes dont la Généralité de Rouen était composée, s'il en reste ce nombre, on peut assurer qu'il n'y en a pas 50,000 qui mangent du pain à son aise et qui couchent autrement que sur la paille. » Pourtant il y avait encore à Rouen des négociants considérables : « Le sr Le Gendre a des correspondances dans tous les lieux où on peut en avoir et est riche de quatre ou cinq millions; les srs Guenet, Asselin, Mesnager et autres, sont riches de sept à huit cent mille livres. » Mais les droits de toutes sortes, le péril de la mer pendant la guerre, l'incertitude de l'avenir engendrent un découragement général ; les riches marchands

(1) Boulainvilliers, *État de la France*. Londres 1737, t. IV, p. 29-32. (*Mémoire de la Généralité de Rouen*).

se retirent peu à peu, et leurs fils achètent des charges (1).

A la suite de Colbert, les ministres du grand roi avaient entrepris de relever le commerce et la marine. Les extraits que je viens de lire sont empruntés à la réponse qui fut envoyée de Rouen, lorsqu'en 1697 Louis XIV provoqua une vaste enquête dans toute la France. A l'égard de la marine, sa Majesté prescrivait aux intendants de *s'informer des vaisseaux qui appartenaient à ses sujets; qu'ils excitent fortement,* leur disait-on, *les principaux marchands et négociants à en acheter, à en bâtir pour augmenter le nombre, à fonder des compagnies pour le commerce étranger, pour entreprendre les longues navigations; qu'ils les assurent de toute la protection et l'assistance de Sa Majesté dont ils auront besoin, n'y ayant rien qu'elle ne fasse pour leur donner sa protection tout entière, pourvu que de leur part ils se mettent en devoir d'augmenter leur commerce et le nombre de leurs vaisseaux.* Le roi même promettait *des honneurs et des préséances aux marchands qui feront des efforts pour faire bâtir des navires et qui en entretiendront toujours quelque nombre à la mer* (2).

Le premier résultat de cette enquête fut la création du Conseil du commerce (29 juin 1700) et l'institution des Chambres de commerce, en particulier celle de la Chambre des Syndics du Commerce de Normandie

(1) Boulainvilliers, *op. cit.*
(2) *État de la France*, t. I, p. 22-23. (*Mémoire pour les Intendants*).

(19 juin 1703). En même temps que des inspecteurs
sont envoyés pour recueillir des informations sur place,
les membres du Conseil du Commerce, ceux des juri-
dictions consulaires et des Chambres nouvellement
créées sont invités à présenter des rapports. Le chevalier
de Clerville, député dans la Haute-Normandie, cons-
tate que *le commerce est ravalé par l'épée et la robe*,
et même par « la superbe » des *commis de la douane.*
Et pourtant « la ville de Rouen, dit-il, est certainement
une des plus fameuses escolles, où l'on se puisse ins-
truire de tout ce qui regarde le commerce. Celuy de la
mer s'y exerce aussi bien que celuy de la terre, et il s'y
trouve là des négcciants aussi entendus et aussi esclai-
rés des connaissances de l'un et de l'autre qu'il en
puisse estre en tout le reste du royaume (1). Mais le
régime économique est détestable : alors que les ports
sont librement ouverts aux importations, les marchandises sont imposées à la sortie. On peut tout recevoir de
l'étranger : on ne peut rien lui envoyer; tel semble être
le principe. Un commerçant rouennais, Jean Le Pelletier, écrivit là-dessus un excellent traité, extrêmement
curieux et instructif, que j'oserais vous recommander,
Monsieur, si vous ne le connaissiez de longue date (2).
Bien entendu, pour l'auteur, c'est en renversant le sys-

(1) *Rapport du chevalier de Clerville touchant le rétablissement du
commerce dans les ports de Normandie.* (Publié par Ch. Bréard.
Mélanges, 1ʳᵉ série. *Société de l'Histoire de Normandie,* p. 278, 282.)

(2) *Mémoires pour le rétablissement du commerce en France,* rédi-
gés par le sʳ *Jean Le Pelletier, ancien Juge Consul,* par ordre de
Mʳˢ *les Juges et Consuls de Rouen,* pour être présentes à nos seigneurs
du Conseil du Commerce, 1701, in-12.

tême, en frappant des droits à l'entrée, en affranchissant les sorties, qu'on rendra la vie au commerce et à la navigation, tout en ménageant des finances pour les coffres du roi. Tout le monde pourtant n'admettait pas de même le droit d'entrée, et, si ce n'était une digression, je citerais Chamillart, intendant de Rouen, avant d'être ministre, en 1689-1890, qui écrivait ceci : « Si d'un côté nous trouvons du gain » au droit d'entrée, « nous perdons aussi d'un autre, car il ne faut pas se persuader que les estrangers viennent avec leurs navires chargés de leur lest seulement pour enlever nos denrées...., et, à moins qu'ils ne trouvent les moyens de payer leurs frets en nous apportant des marchandises, ils se passeront des nôtres (1). » La conciliation n'était évidemment pas difficile. Mais, en attendant que tous ces mémoires aboutissent à une réforme, la constatation reste désolante qu'à Rouen et en Normandie on ne navigue plus. Pas n'est besoin de dire en effet si les Hollandais et surtout les Anglais ont eu l'adresse de mettre à profit un système protecteur aussi bien compris : ils nous ont tout apporté, ne nous ont rien pris; ils ont conduit leurs bateaux partout et nous ont dispensé d'en avoir, car, eux, ont fermé leurs ports (2). L'on ne manque de rien en France, sinon bientôt d'argent pour continuer à acheter à l'étranger.

Tout le monde donc se préoccupe de sortir de

(1) *Notes extraites des papiers de Chamillart.* (Bulletin de la Soc. de l'Histoire de Normandie, t. VII, p. 494.)

(2) Savary des Brulons, *Dictionnaire universel du commerce, Supplément,* v° Navigation : « *Acte de la navigation anglaise.* »

l'ornière. Encourager le commerce et l'industrie, c'est bien ; fermer les ports aux étrangers, solliciter les exportations, c'est le vœu général. Mais il faudrait avoir des navires et des constructeurs.

La Chambre de Commerce de Normandie le sent bien. Elle n'ignore pas, par exemple, l'observation de l'intendant de Rouen que, pour supprimer l'introduction par les bateaux hollandais du hareng, cette manne de la Normandie, qui fait la subsistance du peuple pendant la moitié de l'année et qui se transporte jusqu'au cœur de la France, il faudrait donner tout de suite aux ports, depuis Dieppe jusqu'au Havre, environ quatre-vingts navires nouveaux, et que c'est tout au plus s'il s'en construit cinq ou six par an dans toute la Généralité de Rouen. Elle n'ignore pas que la pêche de la morue, seule industrie du Havre (tout le commerce étant concentré à Rouen), est prête à se relever, que depuis la paix de 1697 la flotte havraise s'est doublée, mais que de quarante bâtiments et plus qui viennent d'être armés, le plus grand nombre, hélas ! a été construit et acheté en Hollande (1).

Ce n'est qu'en 1765 qu'on se décida à prendre à Rouen des mesures décisives. Puisque, malgré tous les encouragements, la construction reste languissante, plus faute de constructeurs que faute de besoins, la Chambre de commerce elle-même créera des chantiers. Et elle se mit à l'œuvre.

On avait entendu dire que l'Hôtel-de-Ville serait

(1) *Mémoire du chevalier de Clerville*, ibid., p. 274.

disposé à vendre l'emplacement de l'ancienne Gabelle, située à Saint-Sever, sur le bord du fleuve, là ou s'élèvent aujourd'hui les magasins de la Compagnie des Docks. Le lieu semblait parfait ; ce serait même le rendre à son antique destination, puisqu'il avait été compris autrefois dans le fameux Clos des Galées. Une requête, signée de nombreux marchands, appuya cette acquisition auprès de la Chambre. Puis une commission, suivant l'usage, fut nommée. MM. du Pont, Midy du Perreux, Le Breton, Pierre-Jacques-Amable Levavasseur la composaient. Même la Chambre tout entière, en présence de M. Béhic, son député au Conseil du Commerce, entendit un capitaine et un constructeur de navires lui donner des explications favorables au projet (1).

Un nouvel examen des lieux, fait par l'Ingénieur en chef des Ponts et chaussées de la Généralité, M. Du Bois, et par cinq constructeurs (étaient-ils établis à Rouen ? on en peut douter), confirma cette bonne impression. L'emplacement permettrait d'établir quatre chantiers, où l'on pourrait construire à la fois quatre navires de deux cents tonneaux et plus. L'on décida de faire l'achat du terrain à concurrence de mille cinq cents livres de rente hypothèque, rachetables par quarante mille livres (2).

Mais voilà que vinrent se jeter à la traverse deux constructeurs, associés, les sieurs Hubert et Caplet, maîtres-

(1) *Arch. de la Chambre de Commerce*, Délibérations, t. XIII, p. 314, 320, 327 (10, 19, 25 juillet 1765.)

(2) *Ibid.*, p. 346 (27 août 1765).

constructeurs de navires, qui présentèrent à la Chambre une requête pour s'opposer au projet. Comment, disaient-ils, travaillerons-nous maintenant en concurrence avec les constructeurs à qui vous allez offrir des chantiers tout prêts et tout installés, nous qui avons acheté notre terrain et édifié nos établissements ? Notre perte est certaine. Et ils demandaient une indemnité qui pût les mettre en égalité avec leurs futurs confrères (1).

Heureusement, quelques semaines plus tard, la Chambre reçut une proposition nouvelle qui allait tout concilier, et derrière laquelle on aurait pu voir peut-être les opposants de tout à l'heure. Au lieu de l'emplacement de la rive gauche, un sieur Letellier offre d'acheter, au nom de la Chambre, sur la rive droite, au bas du Lieu-de-Santé, à l'entrée de l'avenue du Mont-Riboudet, un emplacement bien plus vaste, où l'on pourrait établir quatre chantiers pour douze navires à la fois ; il se chargerait de remblayer et niveler le terrain, de construire un quai avancé, une calle de quarante pieds sur quatre-vingts, une forge, et autres dépendances, moyennant cinquante mille livres, sol compris, dont il ferait l'avance et qui lui seraient remboursées en cinq ans (2). Or ces terrains comprenaient justement le chantier de Hubert et Caplet. La proposition était tentante : les opposants disparaîtraient sans autre indemnité ; on aurait là un établissement bien plus vaste, susceptible d'accroissements, dans l'avenir,

(1) *Arch. de la Chambre de Commerce*, p. 344 (21, 26 août 1765).
(2) *Ibid.*, p. 363, 364, 377, 378 (25, 27 sept., 18, 21 oct. 1765).

dans la plaine du Mont-Riboudet; on allait même pro-
voquer l'extension de la ville et la mise en valeur
peut-être de nouveaux quartiers. M. Du Bois, l'ingénieur, fut chargé d'examiner les lieux, de dresser des
plans et de présenter des devis. Ses conclusions ne per-
mettant pas l'hésitation, on décida de proposer à la
Ville l'achat des terrains, la Chambre devant concourir
aux dépenses, à raison d'un maximum de cinquante
mille livres, et se réservant pour elle seule le choix et
la nomination des concessionnaires des futurs chantiers. MM. les Maire et Échevins tombèrent d'accord
avec MM. de la juridiction consulaire (1). Et c'est ainsi
que, après arrêt du Conseil d'État, par des lettres
patentes, données à Compiègne le 15 septembre 1766,
Sa Majesté, sur la présentation qui lui est faite par le
corps de ville de la nécessité de procurer des chantiers
pour la construction des navires que les négociants sont
obligés de faire bâtir au loin et avec de grands frais,
prononça l'utilité publique, dirions-nous, et ordonna
l'expropriation au profit de la Ville des terrains commençant au bout du nouveau quay, en face de l'avenue
qui conduit à l'Hôtel-Dieu, sur une longueur de cent
quatre-vingts toises, le long du fleuve, et une largeur
de cinquante toises le long de l'avenue et de soixante-
quinze de l'autre côté; le tout pour être employé à l'ins-
tallation de chantiers de construction et de carénage par
les soins de la Chambre de Commerce, et avec les res-
sources de l'octroy des marchands. Les dits chantiers

(1) *Arch. Municipales*, A. 38 (24 avril 1766).

seront et demeureront à perpétuité à la libre disposition
de la juridiction consulaire, qui les assignera et distri-
buera gratuitement à tels constructeurs qu'il lui plaira ;
les travaux seront faits par elle, d'accord avec la muni-
cipalité, et, en cas de discord, toute difficulté sera jugée
par l'intendant (1).

L'affaire fut conclue, suivant ce programme, sous les
yeux et par les soins de la Chambre de Commerce qui
lui donna tout son zèle. Il n'est peut-être pas de séance
en effet où sa vigilance n'ait été appelée ; toutes les
pages de ses registres de délibérations en font foi. Tout
d'abord les terrains furent achetés ; ils coûtèrent vingt-
huit mille quatre cent-deux livres, deux sols (2). Et
l'on se mit en mesure de dresser des plans pour la création de deux premiers chantiers, avec une calle de
quatre-vingts pieds de long sur chacun, et une fosse
pour mettre la mâture à flot : dépense, environ treize
mille livres. Hubert et Caplet, qui ont fait la meilleure
opération, sont aussitôt nommés concessionnaires du
premier chantier, le plus voisin de la ville ; le suivant
est accordé à Jacques Malheux, constructeur à Dieppe-
dalle, qui devra fermer l'établissement qu'il possède en
ce lieu (3). Puis l'on établit des forges, une corderie (4),
des hangars pour les bois, un bâtiment pour un maître
poulayeur, pompier et avironneur (5). Un troisième
chantier fut peu après attribué à Guillaume Thibault

(1) *Arch. de la Chambre de Commerce*, t. XIV. p. 173.
(2) *Ibid.*, p. 274 (10 mars 1768).
(3) *Ibid.*, p. 171, 209, 253 (24 août. 29 oct. 1767. 4 févr. 1768).
(4) *Ibid.*, p. 270 (5 mars 1768).
(5) *Ibid.*, p. 497 (27 juillet 1769).

père, maître constructeur au Val-de-la-Haye (1). Je
crois bien que le quatrième chantier prévu ne reçut
jamais de titulaire, car l'on avait si bien fait les choses
pour les trois premiers qu'on s'aperçut, le 22 août 1769,
qu'on avait déjà payé cinquante-quatre mille neuf-cent-
quatre-vingt-une livres, quatorze sols, onze deniers; l'on
devait encore vingt-six mille deux cent quatre-vingt-cinq
livres, et il restait une prévision de dépenses qui semblaient bien devoir monter à près de cinquante mille
livres (2). Un an après, les travaux avaient absorbé plus
de quatre-vingt-quatre mille livres, l'on devait encore
douze mille cent vingt-quatre livres, et les installa-
tions n'étaient pas achevées (3).

Les constructeurs au moins, pour qui l'on avait
assumé des sacrifices aussi considérables, prospé-
rèrent-ils? Les archives du siège de l'Amirauté, où l'on
devait tenir état, aux termes de l'ordonnance sur la
marine, de tous navires appartenant aux bourgeois du
ressort (4), nous diraient peut-être combien de navires
furent mis à flot. Mais ce qui subsiste de ces archives
m'a semblé inabordable, et j'ai reculé devant une montagne de dossiers, inexplorables, faute de registres et
de répertoires. J'ai peur du reste que l'industrie de la
construction navale n'ait pas brillé d'un bien vif éclat
dans ces chantiers créés à si grands frais. J'observe en
effet, et tout d'abord, que le quatrième chantier ne fut

(1) *Arch. de la Chambre de Commerce*, p. 297 (3 mai 1768).
(2) *Ibid.*, p. 510 (22 août 1769).
(3) *Ibid.*, t. XV, p. 68 (28 sept. 1770).
(4) Livre II, tit. 10, art. 4.

pas concédé, quoiqu'il y eut des preneurs (1) ; que, le 12 janvier 1785, Joseph Rivette, charpentier-constructeur de navires, demande une concession pour « construire des canots à l'anglaise », ce qui ne révèle pas une marine très puissante ; que, le 26 du même mois, Louis Saillanfaist, maistre constructeur du Havre, muni d'attestations des officiers de marine de cette place, sollicite aussi un terrain, et que sa requête n'est pas suivie d'effet, ce qui n'indique pas que la Chambre ait eu une très grande confiance dans le développement de son œuvre (2) ; que, le 29 novembre 1786, l'un des concessionnaires, Malheux, déclare que sa calle est tout à fait hors d'usage et incapable de servir à abattre des navires (3), et qu'on ne prend qu'avec hésitation la résolution de la réparer ; que, le 1er juin 1787, le chantier de Hubert et Caplet n'est plus occupé que par des dépôts de bois et de charbon et qu'on n'y construit pas (4) ; qu'enfin la Chambre décide qu'à l'avenir les occupants devront entretenir leurs chantiers, qu'ils cesseront leur jouissance le 1er avril 1788 s'ils ne justifient pas d'une bonne exploitation : indice d'une industrie peu florissante (5). Puis vint bientôt la Révolution, qui balaya tout, la Chambre de commerce comprise.

Les chantiers ne disparurent pas tout à fait cepen-

(1) *Arch. Chambre de Commerce*, t. XIV, p. 255 (4 févr. 1783), et t. XVII, p. 263 (8 avril 1780).
(2) *Ibid.*, t. XVIII (à sa date).
(3) *Ibid.*, t. XIX (29 nov. 1786).
(4) *ibid.*, t. XIX (1er juin 1787).
(5) *Ibid.*, t. XIX (29 août 1787).

dant. A une date que je n'ai pu préciser, pendant
la Révolution, ou les années qui la suivirent, ils trou-
vèrent acquéreurs en effet, et là s'établit une maison
nouvelle, dont le nom est demeuré célèbre dans l'histoire
maritime de notre ville et dont le dernier navire fut
lancé il n'y a pas trente ans. Les chantiers Le Mire
avaient succédé aux constructeurs Hubert et Caplet,
Malheux et Thibault.

Le dernier hangar du chantier du Mont-Riboudet a
été démoli il n'y a pas longtemps ; vous y lisiez encore
naguère, inscrits en lettres blanches sur une trentaine
de pancartes, les noms des derniers navires dont il
abrita les coques.

C'étaient encore, comme au Clos des Galées, comme
aux chantiers de la Chambre de Commerce de Normandie, de bien petits bateaux. Au XIV⁰ siècle, au XV⁰,
on équipait au Clos des Galées, à Eauplet, et ailleurs, des
galères, des barges, des nefs de moins de deux cents tonneaux (1). Au XVIII⁰ siècle, nos chantiers fournissaient
à la marine marchande ou à la pêche des allèges, heux,
gribanes, brigantins, roberges, dont le tonnage descen-
dait à vingt tonneaux et ne montait guère au-delà de
trois cents. En l'an XI la Seine n'apportait à Rouen
que des bricks, senaux, galiotes et autres bateaux, de
trente à deux cent cinquante tonneaux, à peine quelques
trois-mâts atteignant péniblement trois cents tonneaux
et tirant trois mètres deux tiers (2). En 1832 notre port

____

(1) Ch. de Beaurepaire, *Recherches sur l'ancien Clos des Galées,*
p. 36 et 37.

(2) Noël, *Navigation de la Seine,* Rouen, frimaire an XI, p. 97.

ne recevait encore que des navires de cent à deux cents tonneaux, d'un tirant d'eau de huit à dix pieds, et des bateaux à vapeur de plus grandes dimensions mais ne calant encore que sept pieds d'eau (1). En 1859, l'endiguement du fleuve avait permis l'entrée à Rouen de navires tirant quatre mètres cinquante (2). C'était peu de chose encore, et vous souriez de ces chiffres, Messieurs, quand, trente ans plus tard, nous construisons des voiliers à quatre mâts, jaugeant trois mille deux cents tonneaux, tirant vingt pieds d'eau, et nous recevons des vapeurs calant sept pieds et portant plus de cinq mille tonneaux (3).

Je m'arrête, car je me prends à parler, comme le cordonnier de la fable, de choses trop savantes pour moi. C'est votre domaine, Monsieur ; mais, si j'ai quelque peu forcé les clôtures, il n'en faut accuser que vous. N'est-ce pas vous qui, me communiquant si libéralement des notes recueillies aux archives de la Chambre de Commerce, m'avez donné l'idée d'une étude à faire. Je viens à peine d'en esquisser le plan. Après les *Quais*, le port (4) : c'est vous, Monsieur, qui nous donnerez quelque jour une histoire de la navigation et de la construction navale à Rouen.

(1) Frissard, *Navigation fluviale du Havre à Paris*, 1852, p. 20-25.

(2) A. Le Mire, *Résultats de l'endiguement de la Seine maritime*, Rouen, impr. Péron, 1859, p. 17.

(3) Voilier à quatre mâts, *Dunkerque*, jaugeant 3,200 tonneaux, portant 4,200 tonneaux, tirant 6m55, construit en 1896 aux Chantiers de Normandie, Laporte et Cie, à Petit-Quevilly. — Vapeurs *Oilfield*, *Caldy*, *Auréole*, *Crosby*, *Lakmé*, *Duffield*, *Motte*, etc., portant de 4,500 tonneaux à 5,000 tonneaux, tirant de 6m95 à 7m01, entrés à Rouen en 1896.

(4) *La Bourse découverte et les quais de Rouen*, par H. Wallon

ASSISES SCIENTIFIQUES, LITTÉRAIRES ET ARTISTIQUES

FONDÉES PAR A. DE CAUMONT

Rouen, 15-18 Juin 1896

SÉANCE D'OUVERTURE

ALLOCUTION DU PRÉSIDENT DE L'ACADÉMIE

Président.

MESDAMES, MESSIEURS,

Je ne veux point faire un discours ; il me coûterait trop de retarder l'ouverture de vos travaux et de faire attendre l'orateur qui doit occuper aujourd'hui cette tribune. Mais j'ai un double devoir à remplir : il convient en effet de rendre d'abord un hommage reconnaissant au fondateur de ce Congrès, et puis je veux souhaiter la bienvenue aux savants qui ont répondu à notre appel, et remercier les fonctionnaires éminents, le public distingué, qui apportent à ces Assises le haut encouragement de leur présence.

Né à Bayeux en 1802, mort à Caen en 1873, notre compatriote, Arcisse de Caumont, est en France le fondateur des Congrès. Épris, dès sa jeunesse, d'un égal amour pour les sciences et pour l'archéologie, dès 1823,

— cet audacieux avait vingt et un ans, — il fonda la Société Linnéenne de Normandie et la Société des Antiquaires de Normandie, suivies bientôt d'une troisième fille, l'Association normande, née en 1831, et d'une quatrième, la Société française d'Archéologie, née en 1834. Convaincu de l'essor que les sciences pouvaient gagner dans des réunions périodiques des savants de la province, Caumont institua les Congrès scientifiques de France en 1833, les Congrès archéologiques l'année suivante, et ceux de l'Association normande, en 1835. Qui dira les bienfaits de ces institutions ? Après soixante années, elles demeurent toujours pleines de jeunesse : l'Association Normande vient de tenir son 63e Congrès annuel et la Société française d'Archéologie, son 65e. Leurs Directeurs et les Présidents de la Société Linnéenne de Normandie et de la Société des Antiquaires de la même province sont à nos côtés, toujours vaillants, toujours fidèles au programme concerté à l'autre bout du siècle que nous finissons. Aux fruits on connaît l'arbre : aux services rendus depuis tantôt trois quarts de siècle on peut juger de la sagesse des vues de M. de Caumont. Je n'en veux pour preuve que ses imitateurs, les créateurs de ces multiples Congrès, qui, chaque année, soit dans les Sciences, soit dans les Lettres, soit dans les Arts, réunissent l'élite de la France laborieuse, provoquent les comparaisons, encouragent, développent et mettent en lumière des forces trop timides, trop ignorées, et, pour cela même, trop dédaignées, entretiennent enfin les initiatives et suscitent les progrès.

Avant de mourir, M. de Caumont a voulu doter sa chère Normandie d'une institution semblable à celles que les Congrès scientifiques de son Institut des provinces et les Congrès archéologiques ont assurées à la France.

Aux villes de Caen et de Rouen, il a légué un capital, dont les arrérages doivent être remis à six Sociétés savantes, qu'il a spécialement désignées et choisies également dans chacune de ces deux villes. Tous les cinq ans, alternativement à Caen et à Rouen, des Assises scientifiques, littéraires et artistiques seront réunies ; les savants de la province Normande et des parties voisines du Maine, de l'Anjou, du Vendômois y seront convoqués ; pendant trois jours au moins, tous seront invités à apporter le tribut de la grande ou de la petite ville, ils édifieront l'enquête intellectuelle de ce coin de France, et ils se sépareront plus forts et mieux armés pour de nouvelles études.

Une seule recommandation fut inscrite au programme par le testateur ; oh ! recommandation qui a failli tout compromettre. M. de Caumont a voulu que, « lors de chaque session », trois rapports fussent présentés sur l'état scientifique, industriel et agricole, sur le mouvement artistique et littéraire, sur l'état moral et les progrès de l'instruction dans la région. Travail excessif, surhumain, irréalisable, disait-on ! Les Rapporteurs dévoués, que vous aurez pendant ces trois premiers jours le pl...ir d'entendre, et dont vous lirez ensuite les immenses recherches, se sont chargés de démontrer le contraire. Tout au plus concéderai-je aux rapporteurs de l'avenir qu'ils pourront, pour ménager leurs forces et leur labeur, se limiter à des spécialités, à des régions moins étendues, ou plutôt réclamer le partage de l'enquête entre un plus grand nombre. MM. Canonville-Deslys, Héron et Noury ont accepté la tâche tout entière ; je les remercie en votre nom, au nom de tous les congressistes, de l'œuvre considérable qu'ils ont accomplie.

Voilà donc ce que doivent être les Assises fondées par Arcisse de Caumont. Comme les Congrès sont aux œuvres de l'esprit ce que les Expositions sont à l'industrie et à l'agriculture, les Assises devaient être réunies à Rouen, à côté de cette magnifique Exposition Nationale et Coloniale, pour manifester dans une fête commune l'intelligence et le travail des Normands.

C'est ce que vous avez compris, Messieurs, et ce m'est un honneur, dont je suis fier, d'être appelé à vous exprimer les hommages et les remerciements des trois Sociétés rouennaises qui ont préparé ce Congrès. En leur nom, je salue les chefs des administrations civiles et du Comité supérieur de l'Exposition, dont elles ont déjà éprouvé les sentiments bienveillants, et qui aujourd'hui leur confèrent un éclatant honneur en assistant à l'inauguration de leurs travaux. Je salue toutes les Sociétés Savantes de cette province Normande, de l'Anjou et du Maine, qui ont donné à ces Assises une fraternelle adhésion ; je salue tous les hommes d'étude qui ont fait inscrire à l'ordre du jour leurs communications, tous ceux qui vont contribuer à l'activité du Congrès avec le concours de leur bonne volonté, de leur expérience et de leur assiduité ; je salue enfin tous les auditeurs d'élite, réunis en ce moment pour prendre leur part de cette fête de l'esprit.

Maintenant, Messieurs, vous avez la parole ; vous allez pendant quatre jours, soit dans les séances générales, soit dans les fructueuses réunions des sections, discourir des Sciences, des Lettres et des Arts. Honneur à vous tous, qui allez donner dans la capitale normande un utile exemple de décentralisation intellectuelle.

SÉANCE DE CLOTURE

ALLOCUTION DU PRÉSIDENT DE L'ACADÉMIE

Président.

MESDAMES, MESSIEURS,

Les plus belles Assises industrielles et agricoles ne font point connaître toutes les forces d'un pays : il faut y joindre celles de la science. Si l'on veut faire une enquête complète, aux travailleurs de l'atelier et des champs, il faut associer les travailleurs de la pensée. Les organisateurs des Assises de Caumont l'avaient pensé ainsi ; votre empressement a dépassé leurs espérances.

Vous dirai-je que les timides, les sages, si vous aimez mieux, les ont quelquefois avertis de leur imprudence. Organiser un Congrès scientifique ! C'est bon à Paris, c'est bon à la Sorbonne ; c'est bon avec le concours des sommités de la France, et vous savez pour ces hésitants où est la France. Ce qui est permis, disait-on, à l'Association pour l'avancement des Sciences, à la Société française d'archéologie, qui se réclament du pays tout entier, au Ministère de

l'Instruction publique, le faire à Rouen, avec les res-
sources de la seule Normandie ! quelle témérité !

Vous vous êtes chargés, Messieurs, de montrer que
le succès était facile. Vous avez tenu pendant quatre
jours, dans les Sciences, dans les Lettres, dans les
Arts, seize séances également laborieuses, et vous avez
entendu soixante-seize communications. Vous avez
bien mérité de la Normandie.

Un éminent académicien, M. Lavisse, disait, il n'y a
pas encore longtemps : « L'activité intellectuelle,
plus que jamais concentrée à Paris, s'est raréfiée dans
les provinces (1) », et il en gémissait. Raréfiée ! il
dépend de la province que ce mot soit démenti.

Sans doute, garottée comme elle l'est par cette cen-
tralisation qui, préparée depuis trois siècles, est arrivée
à son apogée depuis cent ans, enserrée dans une régle-
mentation uniforme, découragée souvent par le dédain,
la province a quelque excuse si, trop souvent, c'est
d'en haut qu'elle attend la manne, et elle a quelque
mérite à vivre encore d'une vie propre. La province,
que n'a-t-on fait contre elle ! On l'a même morcelée à
plaisir, comme pour mieux l'épuiser, et pourtant elle
demeure toujours. Qui de vous a senti son cœur battre
aux noms de Seine-Inférieure, Calvados, Sarthe ou
Maine-et-Loire? Dieu merci, Normandie, Maine, Anjou
ne sont pas seulement des définitions historiques ; il y
a toujours des Angevins, des Manceaux, des Normands !

(1) Discours prononcé à l'ouverture des Conférences de la Faculté des
Lettres de Paris, 6 novembre 1893.

On va nous rendre nos Universités provinciales, tant mieux ! des ..ambres de commerce indépendantes, tant mieux ! des administrations régionales, tant mieux ! Pour la province et pour la France, il faut attendre de grandes choses de ce vent de liberté.

La Normandie y gagnera une nouvelle vitalité. Mais depuis longtemps on sait que la vie intellectuelle n'y est pas assoupie. Vos Assises viennent encore de le démontrer. Seulement nous ne savons pas nous unir et réunir. L'organisation nous manque.

Si je veux savoir quel développement a pris telle industrie, tel trafic, si je veux me renseigner sur telle matière d'ordre moral ou social : voyez mes peines. Vais-je porter mon enquête sur le département voisin, il me faut aller à Paris. Vais-je me borner à mon département, les difficultés commencent. Suivant la nature de la recherche, j'irai au levant ou au couchant, au nord ou au sud, frapper à la porte du bureau, du service, de l'administration compétente. Je rencontrerai partout un accueil empressé ; on s'efforcera de me satisfaire. Mais..... les choses ne sont pas tout à fait disposées pour la communication au public ; il me semblera bientôt que je dois être importun, que j'apporte quelque trouble aux paisibles habitudes de ce bureau, que je réclame des complaisances qui ne me sont pas dues..., et, le plus souvent, je me retirerai sans avoir rien appris. D'ailleurs, le document que je cherche, que de fois c'est pour le Ministère qu'il avait été préparé, et il n'est plus ici.

Si j'imprime un livre, ou simplement une brochure,

si je produis une œuvre gravée, c'est Paris qui les
possèdera deux fois, grâce au double dépôt légal, mais
la bibliothèque de ma ville ou de mon département ne
me fournira pas le livre ni la gravure qui y sont éclos,
si l'auteur n'a pas pensé à les lui offrir. Que serait-ce
si je voulais à Rouen consulter le livre publié à Caen !
— Mais nos œuvres sont à Paris !

Voilà le mal qu'il faut combattre. Travaillons, mais
profitons de nos travaux ! Puisque de Caen à Evreux,
d'Evreux à Rouen, de Rouen au Havre, les mêmes tra-
ditions, les mêmes intérêts nous animent et inspirent
nos recherches, réunissons-nous et développons nos
moyens d'études par un groupement régional de nos
œuvres et de nos forces.

De ces Assises que vous venez de tenir si brillamment,
pourrait se dégager une conclusion pratique : per-
mettez-moi de l'exposer.

J'ai compté à Rouen seize Sociétés savantes dont les
travaux passent chaque année sous la presse : j'en
trouve dix à Caen, et dans nos cinq départements, j'en
vois quarante-huit, et j'en oublie. Ajoutons-y les
Revues et tous les documents statistiques et administra-
tifs, si précieux à consulter pour l'étude des choses
sociales. Est-ce trop demander que solliciter la réunion
de tous ces matériaux en un même local à Rouen, à
Caen, au Havre et leur mise à la disposition des travailleurs du pays ? Je prétends que le dépôt légal doit
nous procurer ce bienfait. C'est un droit qu'il faut
revendiquer. Mais, en attendant, aidons-nous nous-
mêmes. Si l'esprit centralisateur, qui prétend même

disposer, s'il le veut, au profit de la capitale, des anciens fonds de nos bibliothèques, de nos archives, de nos musées, si les bureaux ministériels doivent long-temps encore nous interdire de partager avec Paris l'impôt légitime du dépôt légal, faisons nous-mêmes des collections régionales, par des archives, par des musées, par des bibliothèques organisés par une sorte de syndicat des Sociétés savantes de notre province. Que les Sociétés industrielles ou scientifiques, les Chambres de commerce et d'agriculture, les Syndicats de tous genres, les Sociétés historiques, littéraires ou artistiques se donnent la main, que toutes, et non quelques-unes, échangent leurs œuvres, leurs travaux, leurs documents, leurs enquêtes, qu'elles les groupent, les confondent et surtout les conservent dans un local commun, qu'elles sollicitent et réunissent toutes les publications des administrations locales et des établissements publics du département ou de la région, et qu'ainsi se forment à Rouen, au Havre, à Caen, au Mans, ailleurs encore, des dépôts provinciaux ouverts à tous.

Nous aurons ainsi, à l'état permanent, une enquête toujours entretenue, toujours renouvelée sur *l'état industriel, commercial et agricole*, sur *l'état moral*, sur *l'état intellectuel* de la province normande. Les Assises quinquennales se perpétueraient ainsi, et ce dépôt, dont j'appelle l'organisation, ce serait comme votre Congrès continué et non interrompu.

Nous vous disons au revoir, Messieurs, chers

Confrères. Dans cinq ans, nous nous réunirons à Caen, pour faire mieux sans doute, toujours pour l'honneur de la Normandie et le bien de la France.

———

TABLE

9 782019 216931